LES RELIGIONS DES HOMMES

À gauche :
le Bon Pasteur.
Comme un pasteur guide ses troupeaux, le Christ accompagne les hommes durant leur vie, vers le salut. Détail d'une mosaïque chrétienne antique d'Aquilée, en Italie.

Page ci-contre :
les Indiens Taos, du Nouveau-Mexique (États-Unis), ont reconstruit leur église, détruite lors d'un massacre par l'armée américaine au 19e siècle. La nouvelle église de Taos est bâtie selon la tradition indienne. Comme dans le christianisme des origines, l'architecture de ce lieu de culte utilise les formes locales traditionnelles.

Conception graphique et couverture :
Jaca Book

Édition française coordonnée
par Thierry Foulc
avec le concours de Dominique Morin

Photogravure :
Mac Raster Multimedia srl, Milan

Imprimé en Italie
par G. CANALE & C. spa, Arese, Milan

ISBN : 2 210 772 88 5
(Éditions Magnard)

ISBN : 2 204 065 93 5
(Éditions du Cerf)

N° d'éditeur : 2000/474

Dépôt légal : octobre 2000

JULIEN RIES

LE CHRISTIANISME

DES ORIGINES

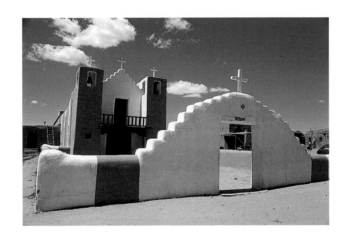

cerf MAGNARD

*Jésus lave les pieds de ses disciples, avant le repas.
C'était l'usage, à l'époque, d'ainsi laver les pieds
des hôtes mais, le plus souvent, c'étaient les serviteurs
qui étaient chargés de cette tâche.
Jésus, lui, est le maître
qui s'est mis au service des autres.
Miniature d'un manuscrit arménien.*

SOMMAIRE

INTRODUCTION

Dans ce petit volume, nous allons survoler l'histoire des quatre premiers siècles de l'Église chrétienne. Cette période commence après la mort de Jésus, au moment où ceux qui croient en lui et voient en lui le Fils de Dieu s'organisent pour vivre leur foi et pour la répandre dans le monde. Elle s'achève au 5e siècle, avec la fin du monde antique dans lequel l'Église a connu son premier développement.

Après la disparition de Jésus, ceux qui restent fidèles au « Seigneur ressuscité » se rassemblent en petits groupes pour continuer à parler de lui. Ils se rappellent sa vie et font mémoire de lui en célébrant sa Passion, sa mort sur la croix, sa Résurrection d'entre les morts et son ascension « au ciel », auprès de son Père. Marqués par le don de l'Esprit saint lors de la Pentecôte et par leur envoi en mission, ils s'organisent en vue de faire connaître le message de Jésus autour d'eux. Ce message est profondément enraciné dans la tradition juive. En même temps, il est original dans la mesure où il s'adresse à tous les hommes et non aux seuls Juifs. C'est un message d'amour universel que les Évangiles résument ainsi : Dieu aime tous les hommes sans exception ; en conséquence, tous les hommes sont invités à l'aimer comme un père, et à s'aimer les uns les autres comme des frères.

Tel est donc l'Évangile, en grec la « Bonne Nouvelle », que les disciples commencent à faire connaître autour d'eux, d'abord à Jérusalem, puis en Palestine et dans les pays voisins, et enfin à travers tout l'Empire romain. Mais les chrétiens se heurtent rapidement aux autorités romaines qui les accusent de ne pas vouloir adorer leurs dieux et rendre à l'empereur le culte qui lui est dû. Cette opposition tourne parfois à la persécution : certains chrétiens, par peur, abandonnent alors leur foi tandis que d'autres, les martyrs, acceptent de souffrir, voire de mourir, au nom du Christ et de la vérité de son message.

Cependant, malgré ces graves difficultés et de dangereuses divisions internes, les communautés chrétiennes grandissent et deviennent de plus en plus solides. Enfin, avec la conversion de l'empereur Constantin et la liberté de culte qu'il reconnaît officiellement à l'Église chrétienne, cette dernière peut s'organiser et s'épanouir librement.

À New York, dans le quartier d'East Harlem, dans les années 1960, des paroisses protestantes s'installent dans des boutiques, au contact des gens, Porto-Ricains et immigrés de partout, qui vivent là dans des conditions difficiles. De même, les premières communautés chrétiennes réunissaient des gens modestes qui apportaient leur aide aux plus défavorisés.

1
LES PREMIÈRES COMMUNAUTÉS CHRÉTIENNES

Grâce au second livre écrit par saint Luc après son Évangile, les *Actes des apôtres*, on sait que les premières communautés chrétiennes se constituèrent à Jérusalem aussitôt après la fin de la vie du Christ sur terre.

Une rapide expansion

Pour les fidèles de Jésus, le Maître est toujours présent et, depuis qu'ils ont reçu le don de l'Esprit saint à la Pentecôte, ils ont conscience d'avoir une mission : celle de porter au monde le message de Jésus. Dans ces premières communautés, les disciples se montrent assidus à la prière, ils partagent fraternellement le repas et rompent le pain en mémoire de Jésus. Ils pratiquent la charité. Au début, ils demeurent égale-

1

2

ment fidèles aux principales prescriptions juives, en particulier à la circoncision et à la prière au Temple.

Très vite, des communautés chrétiennes se constituent au-delà de Jérusalem, dans des villes situées sur la côte méditerranéenne, comme Césarée, Gaza ou Joppé, marquées par l'influence grecque, des villes où les nouvelles communautés accueillent des non-juifs. Rapidement, les frontières de Palestine sont à leur tour franchies. Vers 37-38, on trouve des chrétiens à Damas, en Syrie, puis à Antioche, dans l'actuelle Turquie. Et c'est en fait à Antioche, comme le précise le livre des *Actes des apôtres*, que « pour la première fois le nom de chrétiens fut donné aux disciples (de Jésus) ».

Le concile de Jérusalem

Cependant, un grave conflit apparaît bientôt dans ces jeunes communautés. Certains chrétiens d'origine juive, en plus du baptême, veulent imposer la circoncision aux nouveaux chrétiens d'origine non juive. Ils entendent donc les intégrer, par ce rite, au peuple d'Israël, auquel, pensent-ils, le salut est réservé. La tension devient si vive qu'en 49 se réunit, à Jérusalem, le pre-

mier concile de l'Église chrétienne. Après d'âpres discussions, il est décidé, notamment sous l'influence de saint Paul, et avec l'assentiment de saint Pierre, qu'il n'est plus nécessaire de passer par le judaïsme pour devenir chrétien. La circoncision peut donc être abandonnée. La rupture avec le judaïsme est maintenant consommée. Désormais, si les chrétiens conservent leurs racines spirituelles dans la Bible et dans le judaïsme, il n'y a plus de dépendance à l'égard de la Loi juive. Le christianisme peut se tourner vers l'extérieur, vers les autres peuples à évangéliser.

La naissance des Évangiles

Les nouveaux chrétiens ont besoin de connaître la vie et l'enseignement de Jésus. Avant la mort des témoins directs, il devient encore plus nécessaire de fixer par écrit ce que prêchent les apôtres. Ainsi naissent les quatre Évangiles que nous connaissons aujourd'hui : les Évangiles de Matthieu, Marc, Luc et Jean. Mais leur but est moins de raconter avec précision la vie de Jésus que de mettre en lumière la signification de son existence, de ses paroles et de ses actes : pour eux, Jésus est bien le Fils de Dieu, mort et ressuscité pour le salut de tous les hommes.

1. *Le plus ancien fragment des Actes des apôtres. C'est un morceau de papyrus qui remonte sans doute à la fin du 2ᵉ siècle. Il est conservé à la Bibliothèque laurentienne, à Florence, en Italie.*

2. *Après le concile Vatican II, dans les années 1970, on a repris la tradition de célébrer la messe dans les maisons privées, comme aux origines du christianisme.*

3

3. *L'Esprit saint descend sur les apôtres, lors de la Pentecôte. Miniature égyptienne datant du Moyen Âge.*

4. *Au 3ᵉ siècle, à Doura-Europos (aujourd'hui en Syrie), divers groupes religieux vivaient côte à côte, notamment une communauté juive et une communauté chrétienne. Cette fresque représente le Temple de Jérusalem. Pour les juifs, c'est le lieu saint par excellence. Pour les anciens chrétiens, n'importe quelle maison pouvait servir à célébrer l'eucharistie. Fresque de la synagogue voisine de la « maison ecclésiale » des chrétiens à Doura-Europos.*

4

5. *Saint Pierre et saint Paul, les deux fondateurs de l'Église chrétienne, le premier prêchant parmi les Juifs, le second parmi les autres peuples, selon la répartition des rôles adoptée lors du concile de Jérusalem. Bas-relief chrétien antique, Aquilée, Italie.*

5

2
LA DIFFUSION RAPIDE
DU MESSAGE DU CHRIST

Au cours du 1ᵉʳ siècle, le nombre de chrétiens augmente rapidement dans tout l'est du bassin méditerranéen, car la paix qui règne dans l'Empire romain favorise les voyages des apôtres ou « envoyés » du Christ. Les routes sont relativement sûres, les navires nombreux, et presque tout le monde parle la même langue : le grec.

Le rôle de saint Paul

Un homme joue un rôle considérable : saint Paul. Son histoire est étonnante. Juif très fervent, Paul commence par persécuter farouchement les chrétiens... avant de se convertir totalement à la suite d'une « apparition » du Christ ressuscité sur le chemin de Damas. Sa culture, à la fois hébraïque et grecque, et sa forte personnalité lui permettent d'aller hardiment porter le message aux « gentils », c'est-à-dire aux païens. Mais il est aussi le grand penseur de l'Église naissante. Pendant une trentaine d'années, de sa conversion jusqu'à sa captivité finale et à son martyre à Rome, il ne cesse de parcourir l'Asie mineure et la Grèce. Tout en restant en contact avec les responsables de l'Église de Jérusalem, il fonde partout des communautés chrétiennes qu'il stimule par ses visites et par ses lettres ou « épîtres ». C'est dans ces lettres qu'il explique, pour les nouveaux disciples, le contenu du message chrétien – la foi dans le Christ qui a vaincu la mort et a donné vie à une humanité nouvelle –, fournissant ainsi la base de la théologie à venir : l'instauration d'une nouvelle création.

L'évangélisation de Rome et des villes

On ignore comment le christianisme a été introduit à Rome, mais on est sûr qu'il y a eu très tôt une communauté chrétienne bien vivante dans cette ville. Progressivement, la capitale de l'empire devient aussi le centre de la nouvelle religion chrétienne. C'est à Rome, selon la tradition, qu'ont été martyrisés, pour leur foi, les deux premiers grands chefs, « les deux colonnes » de l'Église. Saint Pierre, le premier pape de l'Église chrétienne, y est en effet emprisonné et mis à mort sur la colline du Vatican, sous le règne de l'empereur Néron, vers 64. Quelques années plus tard, vraisemblablement en 67, saint Paul y est à son tour condamné et décapité.

Mais Rome n'est pas la seule grande ville de l'empire à être évangélisée. Des communautés chrétiennes sont implantées dans d'autres métropoles : à Antioche, grand centre de la vie intellectuelle de l'Empire, dans le port cosmopolite de Corinthe en Grèce, ou à Alexandrie, en Égypte. Des textes romains, comme les lettres de Pline le Jeune, attestent la large diffusion du christianisme dès le début du 2ᵉ siècle.

2
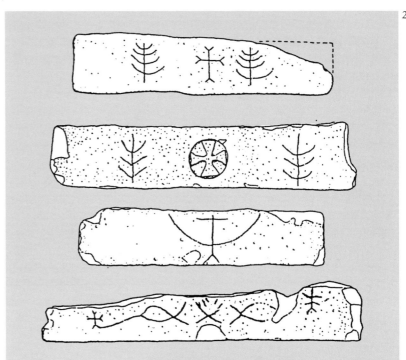

1

3

• Communauté ou présence
  chrétienne au 1ᵉʳ siècle

■ Communauté ou présence
  chrétienne au 2ᵉ siècle

▲ Communauté ou présence chrétienne aux 1ᵉʳ et 2

1. Fresque de la catacombe de Saint-Calixte, à Rome. Le poisson et la corbeille de pain rappellent le miracle de la multiplication des pains et des poissons par le Christ. Le nom du poisson, en grec, forme les initiales de « Jésus-Christ, Fils de Dieu, Sauveur ». Le pain symbolise le corps du Christ, dans l'eucharistie.

4

Premier voyage de saint Paul
Deuxième voyage
Troisième voyage
Voyage à Rome

Dniestr — Dniepr

Save — Drave

Mer Noire

Danube

MATIE — RIATIQUE

MACÉDOINE

MER IONIENNE

Sinope

Debeltum — Anchicylo — Amastris — PONT

Nicomédie — BITHYNIE

Philippes — Parium — Ancyre (Ankara) — Césarée de Cappadoce — Mélitène

Thessalonique — Troie — Philadelphie — Antioche de Pisidie — CAPPADOCE

Bérée — Larissa — Pergame — Thyatire — Otras — Philomelium — Édesse

MER ÉGÉE — Smyrne — Sardes — Eumenea — Iconium (Konya) — Euphrate

Nicopolis — Éphèse — Hiérapolis — Apamée — Lystres — Derbé — Tarse — Alexandrette — Séleucie Ctésiphon

Corinthe — Athènes — Magnésie — Laodicée — Colosses — Pergé — Antioche (et communautés alentour) — Doura-Europos

Samos — Cenchrées — Tralles — Milet — Antalya — Salamine de Chypre

Égine — Patmos — Paphos — Tripoli — SYRIE

Sparte — Chypre — Sidon — Damas

Cnossos — Ptolémaïs — Capharnaüm

Gortyne — Crète — Césarée — Pella — Bostra

MÉDITERRANÉE — Sébaste — Lydda

Joppé — Azot

Jérusalem — ARABIE

Cyrène ?

Alexandrie ?

CYRÉNAÏQUE — ÉGYPTE — Nil

Lac de Van — Lac d'Ourmia — Tigre

2. Dessins figurant au-dessus des portes des maisons, dans les débuts du christianisme. Certains symboles sont juifs (le chandelier à sept branches), d'autres chrétiens (la croix, le poisson).

3. Les voyages de saint Paul et les premières communautés chrétiennes.

4. Au bord de la mer Noire, en 112, le gouverneur Pline le Jeune écrit à l'empereur Trajan au sujet des chrétiens de sa province. Les lettres de Pline le Jeune confirment ce que nous savons par les écrits chrétiens : l'organisation des communautés, la fraternité unissant les chrétiens, leur refus de sacrifier aux idoles.

11

3
LES CONFLITS ENTRE PAÏENS ET CHRÉTIENS

Dès le 2ᵉ siècle, le christianisme s'impose à l'attention. C'est une religion très différente des autres dans le monde gréco-romain. Beaucoup s'inquiètent de son succès et de sa vitalité.

Les accusations païennes

D'étranges rumeurs circulent sur les chrétiens. On les soupçonne d'adorer une tête d'âne, de sacrifier des enfants, de se livrer à des incestes et à des orgies. Ce monothéisme – les chrétiens vénèrent un seul Dieu – est par ailleurs considéré comme très dangereux dans la mesure où les chrétiens refusent de

1

2

sacrifier aux dieux de la religion officielle et de reconnaître l'empereur comme une divinité.

De leur côté, nombre d'intellectuels romains accablent le christianisme de leur mépris. Ils reprochent aux chrétiens de s'adonner à la superstition en affirmant que Jésus est le fils de Dieu, qu'il s'est incarné en devenant un homme comme les autres, et qu'il est ressuscité. Tout cela, estime l'écrivain Celse, est indigne d'une religion. À la « folie mystique des chrétiens », il oppose la valeur des autres religions et de la philosophie grecque.

Les défenseurs du christianisme

Si les chrétiens n'ont jamais répondu à ce rejet et à ces calomnies par la violence, s'ils n'ont jamais remis en cause le régime impérial en tant que tel, ils ont quand même cherché à s'expliquer et à se justifier face à toutes ces accusations. Des penseurs et intellectuels chrétiens se lancent avec ardeur dans la défense de la doctrine chrétienne en écrivant des « apologies » (du grec « justification »). Mais en général ces « apologistes » ne se contentent pas de réfuter les accusations portées contre leur religion. Ils la présentent en soulignant les ressemblances et les divergences qu'on peut observer entre elle et les autres religions ou philosophies.

semence du Verbe (Jésus-Christ) est innée dans tout le genre humain ».

En étant obligés de préciser et d'approfondir davantage le contenu de leur foi pour mieux la défendre, les apologistes ont largement contribué au développement de la théologie. Tout comme ils ont montré que les chrétiens ne pouvaient plus être considérés comme une communauté de croyants naïfs et ignorants. Par là, ces intellectuels et écrivains chrétiens ont joué un rôle de premier plan.

3

L'un des plus représentatifs de ces apologistes est saint Justin. Converti au christianisme vers 130, ce philosophe grec meurt martyr, ayant été décapité à Rome en 165, après avoir défendu avec talent et passion la religion chrétienne. Il réfute les accusations portées contre les chrétiens, dans deux *Apologies*, où il oppose le Christ aux divinités païennes. Mais en même temps, il montre en quoi la doctrine chrétienne est en accord avec celle des plus grands philosophes grecs comme Socrate ou Platon alors que ceux-ci, ayant vécu environ cinq siècles avant le Christ, n'ont évidemment pas pu le connaître et, pour cette raison, n'ont pas pu accéder à la vérité plénière. En comparant la morale chrétienne à celle de ces philosophes, il trouve certains points communs, signe, affirme-t-il, que « la

1. La déesse Athéna représente la sagesse selon les Grecs. Bas-relief du 5ᵉ siècle avant Jésus-Christ.

2. Graffiti du 2ᵉ-3ᵉ siècle représentant le Christ sous les traits d'un âne crucifié. Les adversaires des chrétiens cherchent ainsi à ridiculiser Jésus-Christ et ceux qui croient en lui.

3. Une des plus anciennes représentations du Christ comme Bon Pasteur dans la catacombe de Saint-Calixte, à Rome. Il ne s'agit plus d'un dieu « âne », mais d'un dieu fait homme pour sauver les hommes, comme le berger prend soin de ses brebis.

4
LA RENCONTRE ENTRE
L'ÉVANGILE ET LA CULTURE GRECQUE

1. Très tôt les chrétiens ont adopté ce qu'il y a d'idéaliste et de spiritualiste dans la philosophie grecque. Mosaïque syrienne du début de l'ère chrétienne, figurant Socrate et les sages de la Grèce.

1

La pensée chrétienne, avec sa foi en un Dieu qui envoie son Fils Jésus parmi les hommes pour leur apporter un message d'amour universel et de salut, est d'abord apparue aux hommes de culture gréco-romaine comme « folle » et absurde. Mais les choses ont changé lorsque les penseurs chrétiens, pour développer le contenu de leur foi, ont repris à leur compte certaines idées et certains termes utilisés par les philosophes grecs. Ils ont pu notamment s'inspirer, de la philosophie idéaliste de Platon, avec sa conception de l'âme qui cherche à quitter sa prison terrestre pour regagner le ciel éternel.

L'école dite « d'Alexandrie » a joué un rôle important dans cette évolution. À la fin du 2e siècle, la grande ville d'Alexandrie, dans le delta du Nil en Égypte, était un actif foyer de culture grecque, célèbre pour la qualité de sa vie intellectuelle et la richesse de sa bibliothèque. De grands penseurs chrétiens, y trouvant une ambiance favorable à la réflexion, y avaient ouvert un « didascalée », une sorte de centre d'études supérieures du christianisme. Celui-ci jouera, durant plusieurs siècles, un rôle de premier plan dans le développement de la théologie chrétienne.

Clément d'Alexandrie

Parmi les grands noms de cette école d'Alexandrie figure Clément. Converti au christianisme, grand voyageur et brillant philosophe chrétien, Clément arrive à Alexandrie pour étudier au « didascalée ». Il en prend la direction vers l'an 200 et y élabore une vaste synthèse de l'enseignement de l'Évangile et de la philosophie grecque dont il se sert pour interpréter la Bible. Pour lui, la philosophie est un magnifique don que Dieu a fait aux Grecs pour préparer la voie à la révélation des mystères divins. La philosophie grecque serait donc une sorte de première étape sur la voie de l'initiation chrétienne. Clément insiste constamment sur cette complémentarité en montrant que la religion chrétienne répond parfaitement aux aspirations fondamentales de la société et de la culture gréco-romaine de son époque.

Clément et, d'une manière générale, toute l'école d'Alexandrie ont donc joué un rôle considérable en favorisant la rencontre entre le christianisme issu de la culture juive et la culture grecque, et en exploitant de manière très clairvoyante les richesses de cette dernière. Cette rencontre féconde et décisive marquera pour longtemps le christianisme.

2. Discussion entre philosophes,
sculptée sur un sarcophage chrétien du 3ᵉ-4ᵉ siècle.
La sagesse grecque accompagne la foi nouvelle.

3. Les basiliques romaines, édifices
à fonction commerciale, ont souvent
été transformées en églises par les chrétiens.
Ici, Djémila, aujourd'hui en Algérie.

5
LA SOCIÉTÉ CHRÉTIENNE AU 3ᵉ SIÈCLE

Les premières communautés chrétiennes étaient peu structurées. Progressivement, avec leur extension rapide, il fallut mettre en place une organisation plus solide permettant aux communautés dispersées dans tout l'Empire romain de vivre dans une certaine unité et de façon harmonieuse.

La formation

Les responsables décident très tôt de renforcer la formation de ceux qui désirent devenir chrétiens. Dans les premières communautés, les apôtres se contentaient d'instruire assez sommairement les nouveaux disciples avant de les baptiser. Mais, dès la seconde moitié du 2ᵉ siècle, l'Église juge nécessaire de donner cet enseignement de manière plus organisée. Ceux qui désirent devenir chrétiens doivent d'abord devenir «catéchumènes», c'est-à-dire être «instruits de vive voix». Pour cela ils commencent par passer un examen d'admission portant sur leurs motivations et leur sincérité. L'enseignement comporte ensuite des séances régulières de formation, ou catéchèse, durant deux ou trois ans. Enfin, si les catéchumènes en sont jugés dignes, le sacrement du baptême leur est donné par une triple immersion dans l'eau au cours de la nuit pascale.

La hiérarchie

L'exigence d'une organisation plus structurée se retrouve au niveau de la hiérarchie où trois «ordres» se mettent en place: les évêques, tout d'abord, qui sont les responsables des communautés; les prêtres, ensuite, qui exercent leur ministère en liaison avec les évêques; les diacres, enfin, qui se chargent plutôt des œuvres de charité. C'est l'évêque qui ordonne les prêtres et les diacres en imposant les mains sur eux lors d'une cérémonie. L'évêque est lui-même ordonné par un autre évêque. D'autres responsabilités peuvent être conférées par l'évêque à diverses personnes, mais sans ordination. Des veuves, par exemple, peuvent être affectées au service des malades.

La vie des premières communautés

Les communautés chrétiennes se réunissent régulièrement, l'assemblée la plus importante étant celle qui a lieu le dimanche. En ce «jour du Seigneur» est célébrée l'eucharistie. Comme Jésus l'avait fait lors de son dernier repas avec ses apôtres avant d'être arrêté et crucifié, le célébrant consacre le pain et le vin que les baptisés partagent ensuite. Ce «partage du pain» est précédé de prières et se termine par le baiser de paix. Il y a aussi, tous les jours, l'assemblée des fidèles autour

des prêtres et des diacres pour la prière et l'enseignement, et l'assemblée du soir à l'heure où l'on allume les lampes. Ce temps de prière est parfois suivi d'un repas pris en commun.

Les chrétiens vivent au milieu de la société : même langage, même nourriture, mêmes vêtements. Mais ils essaient cependant de mettre en pratique les exigences morales découlant de leur foi en vivant avec simplicité et en essayant de pratiquer la charité. La famille devient l'objet d'une très grande attention comme lieu de valeurs éducatives et sociales.

1. Réunion de la communauté chrétienne dans un village d'Amérique latine. Une image actuelle de ce que pouvaient être les réunions des communautés chrétiennes aux origines.

2. L'enseignement de Clément à l'école chrétienne d'Alexandrie où se côtoyaient des étudiants et des savants de divers pays, vers 200 après Jésus-Christ.

3. Les catacombes de Rome sont des galeries souterraines où les chrétiens ensevelissaient leurs morts ou, parfois, se cachaient en temps de persécution. Certaines sont ornées de scènes bibliques ou de symboles. Ici, la catacombe de la Via Latina.

6
CULTE IMPÉRIAL
ET PERSÉCUTION DES CHRÉTIENS

1. La Tétrarchie, ou groupe de quatre empereurs qui se sont partagé l'Empire romain en 293. De 303 à 312, ils ont violemment persécuté les chrétiens.

2. Monnaie évoquant le culte du Soleil. Au 3e siècle, l'empereur, pour renforcer son autorité, se fait vénérer comme fils du Soleil Invaincu.

3. Le Christ entre l'alpha (première lettre de l'alphabet grec) et l'oméga (dernière lettre) : c'est lui qui donne son sens à tout, du début à la fin de la vie. Fresque de la catacombe de Commodilla, à Rome.

1 2

L'historien latin Tacite rapporte qu'en l'an 64 l'empereur Néron « ordonna d'appliquer des supplices raffinés à ceux que la foule appelait chrétiens ». Avec cet empereur commence pour les communautés chrétiennes une période d'insécurité qui durera jusqu'à la reconnaissance officielle de l'Église chrétienne par l'empereur Constantin en 313, entrecoupée cependant par des périodes d'accalmie assez longues. En outre, la répression antichrétienne s'est rarement étendue à tout l'empire.

De redoutables pressions

Au début, les persécutions contre les chrétiens ont d'abord été opérées, semble-t-il, sous la pression populaire. Les membres des communautés chrétiennes apparaissent comme différents. On les soupçonne de mœurs étranges et on pense que leurs rites bizarres peuvent déchaîner la colère des divi-

nités. On leur reproche de ne pas se plier aux exigences de la religion romaine et surtout à celles du culte impérial qui sont un élément essentiel d'unité et de cohésion dans l'empire. On tente donc de les faire renoncer à leur religion en les persécutant. Ces persécutions, selon les temps et les lieux, prennent des formes très diverses : interdiction de réunion et de culte, confiscation de tous les biens de la communauté au profit du trésor public, emprisonnement, torture, exil ou mise à mort sous des formes souvent très cruelles, par exemple en livrant aux bêtes fauves ceux qui persistent à se dire chrétiens.

La grande persécution de Dèce

Au 3e siècle, la situation devient encore plus malaisée pour les chrétiens. Alors que leur religion se répand largement, l'empire traverse une période difficile. D'un côté, les Perses et

3

les Germains menacent les frontières. De l'autre, la guerre civile fait rage entre les prétendants au pouvoir suprême. Les empereurs tentent de redresser la situation en renforçant leur autorité religieuse par un véritable culte du souverain. Ainsi, pour tester la fidélité de ses sujets, l'empereur Dèce, en 249, ordonne à tous les citoyens de manifester publiquement leur loyauté à l'empire en offrant de l'encens ou un sacrifice aux divinités protectrices de Rome. La plupart des chrétiens refusent d'obéir. Beaucoup sont alors torturés et mis à mort.

Les chrétiens devant le martyre

Si de nombreux chrétiens acceptent avec courage de devenir des martyrs, c'est-à-dire des « témoins » de leur foi, d'autres en revanche abandonnent l'Église par un acte d'apostasie (en grec : « défection, abandon d'un parti »).

On ne peut connaître avec certitude le nombre de ces apostasies, pas plus d'ailleurs que celui des martyrs. Pour ces derniers, les évaluations des historiens varient de quatre mille à des dizaines de milliers...

4

4. *Transport des restes d'un saint martyr.*
Mosaïque d'une église de Syrie.

7

LA PENSÉE CHRÉTIENNE FACE AUX GNOSTIQUES ET AUX MANICHÉENS

Dès le 2ᵉ siècle, dans les pays méditerranéens, la diffusion du christianisme s'est heurtée à l'opposition d'autres groupes religieux, en particulier les gnostiques et les manichéens.

Les gnostiques

On appelle « gnostiques » (d'un mot grec signifiant « connaissance ») des groupes dont les adeptes affirment être en possession d'une vérité cachée, réservée à une élite. Cette vérité concerne les mystères divins, Dieu lui-même, l'homme et ce qui peut le sauver. Selon les gnostiques, la matière et, par conséquent, le corps de l'homme, sont l'œuvre de l'esprit du Mal. L'homme ne peut atteindre son salut qu'en se libérant de ce monde matériel, fondamentalement mauvais, pour que son être spirituel puisse se rapprocher de Dieu et être sauvé. Les groupes gnostiques, en niant la création comme œuvre de Dieu et l'incarnation du Christ,

c'est-à-dire le fait que Jésus soit le Fils de Dieu devenu homme avec un corps matériel, s'opposent aux chrétiens sur l'essentiel.

Un grand penseur chrétien, Irénée, évêque de Lyon, a été l'un des premiers à voir le danger de cet enseignement. Dans son *Traité contre les hérésies*, écrit vers 180, il dénonce la gnose, en réfute les erreurs et lui oppose les données essentielles de la foi chrétienne : pour les chrétiens, la Création est fondamentalement bonne et le Christ s'est incarné pour vaincre la mort et donner naissance à une humanité nouvelle.

Le manichéisme

Une autre doctrine ésotérique, c'est-à-dire reposant sur des secrets révélés seulement à une série d'élus privilégiés, apparaît au 3ᵉ siècle dans l'Empire perse. Se présentant comme l'Esprit annoncé par Jésus, le fondateur de cette nouvelle

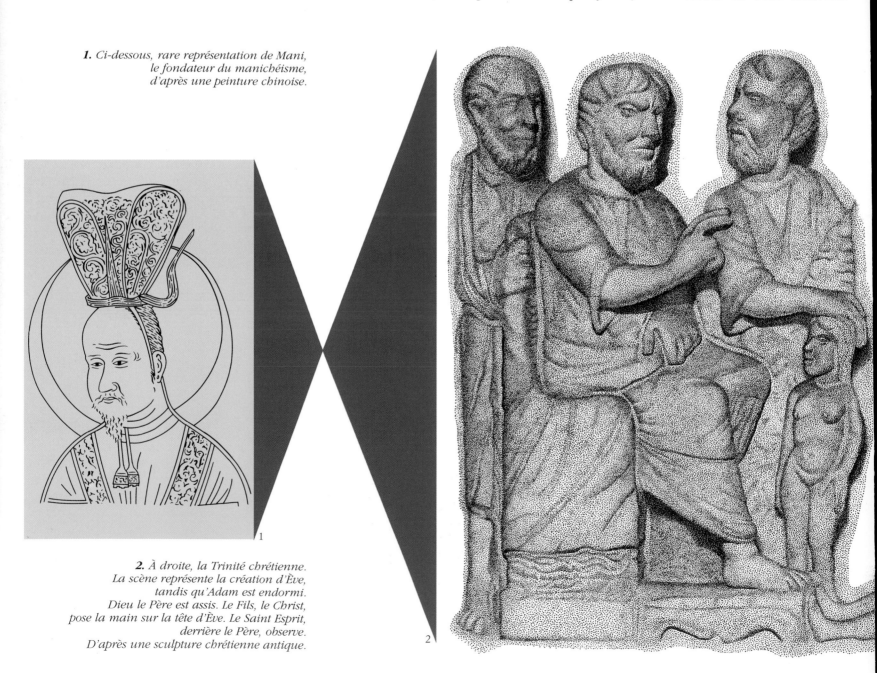

1. Ci-dessous, rare représentation de Mani, le fondateur du manichéisme, d'après une peinture chinoise.

2. À droite, la Trinité chrétienne. La scène représente la création d'Ève, tandis qu'Adam est endormi. Dieu le Père est assis. Le Fils, le Christ, pose la main sur la tête d'Ève. Le Saint Esprit, derrière le Père, observe. D'après une sculpture chrétienne antique.

religion, Mani, ou Manès, crée une Église sur le modèle de l'Église chrétienne. Il rédige ses propres « Écritures » où il montre que l'histoire du monde est un gigantesque combat entre le dieu du Bien, ou de la Lumière, et le dieu du Mal, ou des Ténèbres. Les âmes humaines sont des parcelles de lumière enfermées dans la matière mauvaise des corps. Mais ces parcelles de lumière peuvent réintégrer le royaume du Bien après de nombreuses purifications ou réincarnations.

Cette doctrine, le manichéisme, se répand très rapidement en Orient et dans tout l'Empire romain où elle connaît un grand succès. Le manichéisme a été combattu notamment par saint Augustin (354-430), l'un des plus grands penseurs de l'Église chrétienne. Augustin connaissait parfaitement ses adversaires puisqu'il avait été lui-même membre de l'Église manichéenne pendant une dizaine d'années avant de se convertir au christianisme. Il finit, en effet, par se détourner du manichéisme, refusant que le Mal soit considéré comme un absolu, à l'égal du Bien. Pour lui, le Bien seul est rempli de l'énergie divine, et le Mal n'est que l'absence de Bien.

3

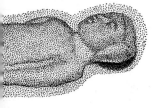

3. À la base du christianisme se trouve la miséricorde de Dieu, incarnée par le Christ venu sur terre pour le salut de l'humanité. On le voit ici révéler sa mission à une femme samaritaine, selon l'Évangile de Jean. Fresque de la catacombe de la Via Latina, à Rome.

8
LES DÉBUTS D'UNE SOCIÉTÉ CHRÉTIENNE

Quand l'Église chrétienne est reconnue et que cessent les persécutions, au début du 4ᵉ siècle, ses institutions sont déjà bien développées. Les communautés sont soumises à l'autorité de l'évêque entouré de prêtres et de diacres. Peu à peu, en Occident, le rôle de l'évêque de Rome, capitale de l'empire et lieu du martyre de saint Pierre et de saint Paul, est devenu prépondérant et sa primauté a été reconnue par les autres évêques. En 180 déjà, saint Irénée de Lyon écrivait que « toute Église doit être d'accord avec l'Église de Rome ».

Les fêtes chrétiennes

Le principal moment de la vie chrétienne est l'eucharistie, célébrée avec solennité le dimanche et aussi en semaine. Deux autres sacrements ont une grande importance : le baptême, réservé aux adultes et qui est donné durant la nuit de Pâques, et le sacrement de pénitence où les membres de la communauté reconnaissent leurs fautes et sont réconciliés publiquement. Enfin, l'année liturgique prend forme : outre les traditionnelles fêtes de Pâques célébrant la résurrection du Christ, on commence à célébrer sa naissance (Noël).

Le culte des martyrs et les pèlerinages

Le culte des martyrs prend une grande importance à la suite des persécutions des siècles précédents. Persuadés que les saints martyrs peuvent intervenir en leur faveur auprès de Dieu, les chrétiens les prient volontiers tout en vénérant leurs reliques, c'est-à-dire leurs « restes » : leurs ossements ou des objets leur ayant appartenu. Les foules accourent vers les tombes et vers les sanctuaires des martyrs célèbres où, en général, se trouvent justement ces reliques, ce qui explique en partie le développement des pèlerinages. Parmi les très nombreux lieux de pèlerinage, deux ont une importance particulière : celui de Terre Sainte, qui permet de prier sur les lieux où a vécu Jésus, et celui de Rome pour vénérer les tombeaux de Pierre et de Paul, et se recueillir sur les lieux où tant de martyrs sont morts pour leur foi.

Le monachisme

Désireux de mener une vie davantage consacrée au Christ, certains chrétiens très fervents se réfugient dans le désert pour vivre, plus proches de Dieu, une vie de solitude, de prières et de privations. Leur modèle, le « père des moines », est saint Antoine (251?-356) qui s'était retiré dans le désert d'Égypte pour y vivre sa foi. Mais, peu à peu, de nombreux moines abandonnent la vie solitaire (le mot moine vient du grec *monos*, « seul ») pour vivre leur foi en communauté dans des monastères ou abbayes. Ces communautés monastiques fondées sur la fidélité à l'Évangile, l'obéissance, la pauvreté et la chasteté deviendront vite des références importantes en matière de vie chrétienne.

Évolution des mœurs

Par l'influence du pape et des évêques, l'Église cherche à infléchir les lois et les mœurs vers plus de justice et de charité :

1. Diffusion du christianisme aux 3ᵉ, 4ᵉ et 5ᵉ siècles.

✝ Patriarcats
✝ Primats (en Occident) et exarchats (en Orient)
● Communautés chrétiennes

adoucissement du régime des prisons, affranchissement des esclaves, interdiction de l'infanticide, développement des institutions charitables, obligation de l'aumône et suppression des jeux du cirque.

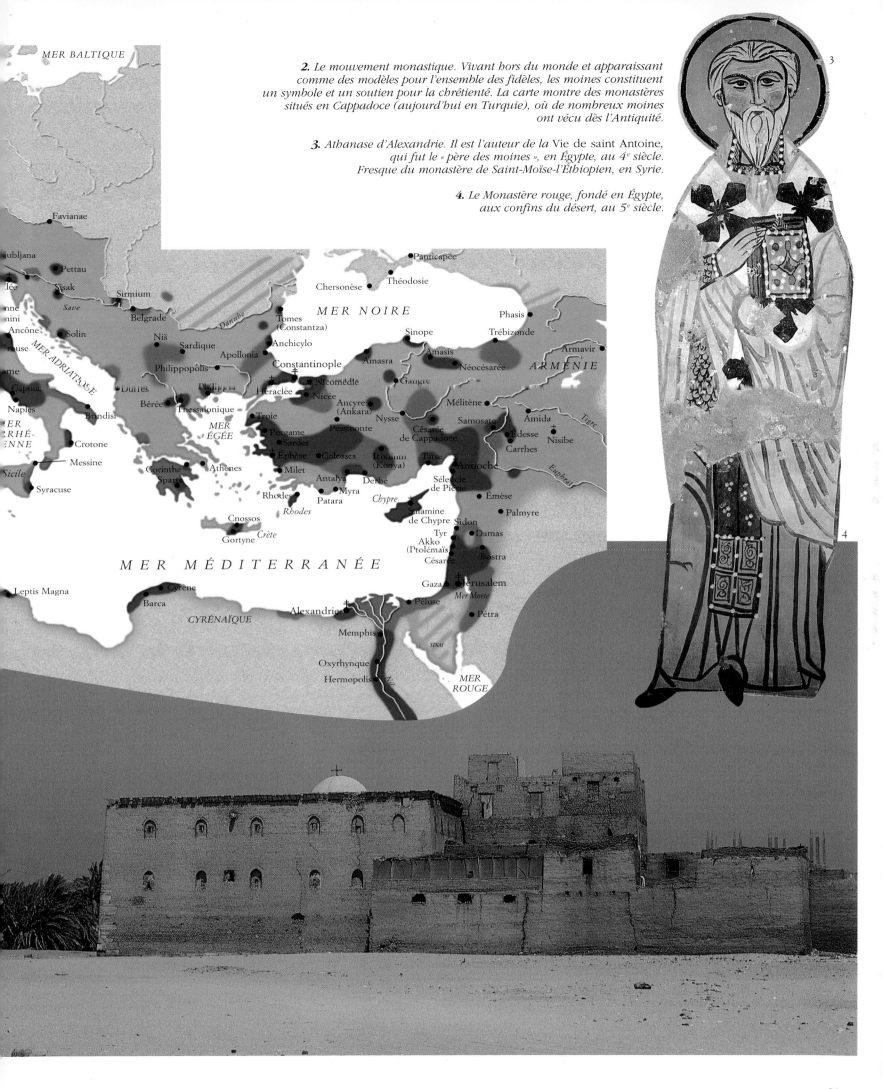

2. *Le mouvement monastique. Vivant hors du monde et apparaissant comme des modèles pour l'ensemble des fidèles, les moines constituent un symbole et un soutien pour la chrétienté. La carte montre des monastères situés en Cappadoce (aujourd'hui en Turquie), où de nombreux moines ont vécu dès l'Antiquité.*

3. *Athanase d'Alexandrie. Il est l'auteur de la Vie de saint Antoine, qui fut le « père des moines », en Égypte, au 4ᵉ siècle. Fresque du monastère de Saint-Moïse-l'Éthiopien, en Syrie.*

4. *Le Monastère rouge, fondé en Égypte, aux confins du désert, au 5ᵉ siècle.*

3

4

MER BALTIQUE

Favianae

ubljana

Pettau

Sisak

Sirmium

Save

Belgrade

Danube

MER NOIRE

Panticapée

Chersonèse · Théodosie

Phasis

nini

Ancône

Solin

Niš

Sardique

Apollonia

Anchicylo

Sinope

Trébizonde

Amasis

Armavir

rouse

MER ADRIATIQUE

Philippopolis

Constantinople

Amasra

Néocésarée

ARMÉNIE

me

Durrès

Philippou

Nicomédie

Gangre

Tigre

apoli

Bérée

Thessalonique

Héraclée

Nicée

Gangre

Mélitène

Amida

Naples

Brindisi

Troie

Pergame

Ancyre (Ankara)

Nysse

Samosate

Edesse

Nisibe

ER RHÉ- ENNE

Sardes

Pessinonte

Césarée de Cappadoce

Carrhes

Crotone

MER ÉGÉE

Éphèse

Colosses

Iconium (Konya)

Tarse

Antioche

Euphrate

Messine

Corinthe

Athènes

Milet

Derbé

Séleucie de Piérie

Émèse

Sicile

Sparte

Antalya

Myra

Chypre

Palmyre

Syracuse

Rhodes

Patara

Salamine de Chypre

Sidon

Damas

Rhodes

Cnossos

Crète

Tyr

Akko (Ptolémaïs)

Bostra

Gortyne

Césarée

MER MÉDITERRANÉE

Gaza

Jérusalem

Mer Morte

Leptis Magna

Cyrène

Péluse

Pétra

Barca

CYRÉNAÏQUE

Alexandrie

SINAI

Memphis

MER ROUGE

Oxyrhynque

Hermopolis

CONSTANTIN ET LE TRIOMPHE DE LA DOCTRINE CHRÉTIENNE

Premier empereur chrétien, Constantin est celui qui, par politique et sans doute aussi par conviction personnelle, a donné à l'Église une place officielle. Immédiatement après avoir écrasé ses rivaux et être devenu le seul maître de Rome, il décide en 313, par l'édit de Milan, d'autoriser les chrétiens à pratiquer leur culte dans tout l'empire et de leur restituer leurs biens confisqués auparavant.

Le rôle décisif de Constantin

Désormais, même s'il n'est pas baptisé (il ne recevra le baptême qu'au moment de sa mort, selon un usage de l'époque), Constantin se considère comme chargé par Dieu de la mission de chef du peuple chrétien. À ce titre, il intervient directement dans la vie de l'Église. C'est lui qui, en 321, ordonne que le jour de la Résurrection du Christ, le dimanche, soit jour de repos. C'est encore lui qui, en 325, convoque l'ensemble des évêques en concile dans la ville de Nicée, près de l'actuelle Istanbul en Turquie, pour condamner l'hérésie du prêtre Arius, qui remet en cause la divinité du Christ. À cette occasion est rédigée une profession de foi, le *Symbole de Nicée*, qui reste la base du credo actuel. Constantin joue également un rôle décisif dans la construction de nombreuses basiliques et églises dans les grandes cités de l'empire et dans les lieux saints de Palestine.

L'âge d'or des Pères de l'Église

Du règne de Constantin jusqu'à la fin du siècle – mis à part le bref règne de l'empereur Julien qui, entre 360 et 363, persécute à nouveau les chrétiens – l'Église chrétienne se développe considérablement. Sous l'empereur Théodose, dans les années 380, le christianisme devient la religion officielle de l'empire, et c'est le paganisme qui est interdit. Profitant de

2. Bas-relief copte (d'Égypte chrétienne). La couronne triomphale, emblème païen de la victoire, est transformée en symbole chrétien par la présence de la croix. Le Christ, désormais, triomphe du mal.

3. Reconstitution d'un village chrétien antique, origine de l'actuelle ville de Genève en Suisse. L'église ne se distingue pratiquement pas des autres maisons. Dans les premiers temps, elle servait uniquement pour les cérémonies de baptême. La messe, l'eucharistie, était célébrée dans une maison voisine. Par la suite, la messe a été célébrée dans l'église.

1. Portrait sculpté de Constantin, l'empereur qui a pris le parti des chrétiens contre ceux qui les persécutaient au nom de la tradition romaine. Il a permis la naissance d'une civilisation chrétienne, mais il a lié la religion au pouvoir politique.

4. Grande basilique de Trèves, en Allemagne. Une basilique chrétienne issue d'une basilique romaine.

5. Gymnase romain transformé en basilique chrétienne, à Moktar, en Tunisie.

cette situation, les penseurs chrétiens de l'époque, appelés depuis, les « Pères de l'Église », approfondissent et précisent le contenu de la foi. On peut citer, dans le monde grec, saint Jean « Chrysostome », célèbre prédicateur dont le surnom signifie « bouche d'or », dans le monde latin, saint Jérôme qui traduit la Bible en latin, et saint Augustin dont la pensée demeure aujourd'hui encore une source d'inspiration pour les théologiens et les philosophes.

LA FIN DU MONDE ANTIQUE

1. *Saint Augustin,*
l'auteur de La Cité de Dieu.
Peinture de Simone Martini (14ᵉ siècle),
conservée à Cambridge, en Angleterre.

2. *La Jérusalem céleste, ou « cité de Dieu »,*
détail d'une mosaïque de l'église Saint-Vital (6ᵉ siècle),
à Ravenne, en Italie.

3. *Mexico, la ville la plus peuplée du monde en l'an 2000.*
Les gratte-ciel et la misère s'y côtoient, dans un terrible désordre.
Pourtant, même dans de telles métropoles existent des communautés chrétiennes
qui apportent aux hommes leur soutien et le sens de la vie,
œuvrant pour transformer peu à peu la cité des hommes en cité de Dieu.

> *Les deux cités*
>
> *Deux amours ont bâti deux cités: l'amour de soi jusqu'au mépris de Dieu a fait la cité terrestre; l'amour de Dieu jusqu'au mépris de soi a fait la cité céleste. L'une se glorifie en elle-même, l'autre dans le Seigneur... Chez les princes et les nations que l'une s'est soumis, la passion du pouvoir l'emporte; dans l'autre, tous se font les serviteurs du prochain dans la charité...*
>
> Saint Augustin, *La Cité de Dieu*, XIV, 28

En 410, les Wisigoths prennent Rome et la dévastent. C'est la consternation dans l'empire. Rome sent sa fin venir (l'empire s'effondrera avant la fin du siècle sous les coups des Ostrogoths).

Trois ans plus tard, saint Augustin, l'un des plus éminents des Pères de l'Église d'Occident, commence à publier un ouvrage monumental : *La Cité de Dieu*, auquel il travaillera une quinzaine d'années. Lorsqu'il écrit ce livre, Augustin est évêque d'Hippone (aujourd'hui près d'Annaba, en Algérie). Tout en menant une vie de style monastique, il dirige son diocèse et trouve le temps d'écrire, en latin, une œuvre considérable. Ses ouvrages les plus célèbres sont ses *Confessions*, où il relate sa jeunesse et son itinéraire spirituel, et *La Cité de Dieu*.

Dans ce dernier ouvrage, pour expliquer le malheur de Rome, il examine l'histoire du monde. Celle-ci, juge-t-il, montre l'échec de la « cité terrestre », c'est-à-dire de l'organisation politique des hommes. L'histoire des royaumes anciens et celle de Rome aboutissent au même échec car elles reposent sur la gloire des conquêtes, la passion du pouvoir, le mépris de l'homme et la vénération des idoles.

En revanche, il existe un plan de Dieu pour l'histoire humaine. Ce plan se développe depuis les origines de l'humanité avec les patriarches bibliques, Moïse, l'histoire d'Israël, et il s'accomplit avec la venue du Christ. L'histoire humaine est donc riche de sens et chacun doit participer au plan de Dieu en se conformant au Christ durant sa vie. Ce qui fait dire à saint Augustin que « les siècles passés de l'histoire seraient demeurés comme des jarres vides si le Christ n'était pas venu les remplir ».

Petit Dictionnaire

Apologistes
(Du grec « défense, justification »). Auteurs chrétiens qui, aux 2e et 3e siècles, ont défendu leur religion par leurs écrits. Ils répondent aux attaques des philosophes païens et expliquent le contenu de leur foi.

Apôtres, apostolique
(Du grec « envoyé »). Au sens strict, le mot *apôtre* désigne les douze disciples choisis par Jésus-Christ. Le plus connu est saint Pierre, qui sera le premier chef de l'Église. Saint Paul ne fait pas partie des Douze, mais on le considère lui aussi comme un apôtre parce qu'il a été « envoyé » prêcher la foi en terre païenne. L'Église primitive est qualifiée d'apostolique parce qu'elle est issue de la mission confiée aux apôtres par le Christ.
Au sens large, le terme *apôtre* désigne tous ceux qui propagent avec zèle la foi chrétienne, par exemple les missionnaires.

Arianisme
Doctrine propagée à partir de 320 par un prêtre d'Alexandrie, Arius, qui niait la divinité du Christ. Cette doctrine, combattue en particulier par Athanase d'Alexandrie, fut condamnée comme hérétique par le concile de Nicée en 325, mais elle resta très répandue pendant tout le 4e siècle.

Ascension
(Du latin « action de monter »). L'Ascension est une fête chrétienne qui commémore la montée du Christ au ciel, en présence de ses apôtres et disciples, quarante jours après sa Résurrection, le jour de Pâques. La première mention de cette fête liturgique date de la fin du 4e siècle.

Baptême
(Du grec « immersion dans l'eau »). Certains mouvements de la religion juive pratiquaient le baptême comme rite de purification. Jésus lui-même le reçut de Jean-le-Baptiste. Les premières communautés chrétiennes reprirent ce rite qui, évoquant aussi le passage à une nouvelle vie, devint signe d'intégration dans la communauté chrétienne et remplaça rapidement la circoncision. Le baptême était généralement donné aux adultes. Mais l'Église baptisait aussi les nourrissons de parents chrétiens.

Catéchumène, catéchuménat
(Du grec « qui est instruit de vive voix »). Les jeunes et les adultes qui se préparent au baptême – les catéchumènes – doivent recevoir un enseignement approfondi avant de recevoir ce sacrement. Le terme *catéchuménat* désigne ce temps de préparation.

Conciles
(Du latin « assemblée »). Réunions d'évêques qui décident de questions de doctrine ou d'organisation de l'Église. Le premier concile fut celui de Jérusalem qui, en 49, réunit les apôtres autour de Pierre et de Paul pour voir s'il était nécessaire ou non d'imposer les pratiques juives, en particulier la circoncision (opération rituelle consistant à enlever le prépuce), aux nouveaux convertis d'origine non juive. La réponse fut négative : désormais il n'était plus nécessaire de passer par le judaïsme pour devenir chrétien.

Diacres
(Du grec « serviteur »). Auxiliaires de l'Église dont le ministère consistait surtout à accueillir les étrangers, visiter les malades, aider les pauvres et les veuves et distribuer les aumônes.

Eucharistie
(Du grec « action de grâce »). Sacrement central du christianisme, commémorant le sacrifice de Jésus-Christ, mort pour le salut des hommes. Lors de son dernier repas (la Cène), Jésus avait rompu le pain et partagé le vin en précisant qu'il s'agissait de son corps et de son sang. Tout en permettant au peuple de Dieu de se rassembler, l'eucharistie renouvelle cet acte de Jésus. Dans l'Église primitive, la fraction du pain et le partage du vin se faisaient au cours d'un repas. Puis une liturgie s'est développée jusqu'à devenir la messe.

Évêque
(Du grec « qui veille sur »). Responsable d'une communauté chrétienne. Au 1er siècle, il ne semble pas y avoir de différence entre ces « surveillants », ou évêques, et les « anciens », ou prêtres. Puis ce terme a désigné le chef d'une Église locale, d'un diocèse. À l'origine élus par le clergé et les fidèles, les évêques sont aujourd'hui nommés par le pape.

Gnosticisme
(Du grec « connaissance »). Doctrine prétendant détenir une connaissance supérieure et secrète (gnose) des mystères divins. Elle oppose un monde spirituel bon et lumineux à un monde matériel mauvais que l'initié doit rejeter pour être sauvé.

Hérésie
(Du grec « choix »). Théorie développée par des chrétiens en opposition ou en contradiction avec une ou plusieurs propositions de foi définies par l'Église comme vérités révélées (dogmes). L'Église a toujours condamné avec fermeté ces divergences doctrinales dont la plus connue, durant les premiers siècles de son histoire, fut l'arianisme (voir à ce mot).

Idolâtrie
(Du grec « image » et « adoration »). Adoration de l'image ou de la représentation d'une divinité. Durant les premiers siècles de son histoire, l'Église chrétienne ne cessa de lutter contre cette pratique très présente dans la culture gréco-romaine.

Jésus-Christ
Prophète juif de Palestine, Fils de Dieu pour ses disciples (les chrétiens), il vécut au début de l'ère définie par sa propre apparition dans l'histoire. Vers l'âge de trente ans, après avoir reçu le baptême de Jean-le-Baptiste, il prêche d'abord en Galilée où il recrute ses premiers disciples. Mais il se heurte à l'hostilité des chefs religieux juifs. Vers l'an 30, à l'approche des fêtes de Pâques qui commémorent le souvenir de la sortie des Hébreux d'Égypte avec Moïse, Jésus se rend à Jérusalem. Arrêté à l'instigation des chefs juifs, il est condamné par l'autorité romaine d'occupation et mis à mort par crucifixion (supplice réservé aux esclaves et aux criminels non romains). Puis il est enterré par des proches. Mais, par la suite, ses disciples affirment qu'il est ressuscité trois jours plus tard, le jour de Pâques, et certifient l'avoir vu vivant. Après l'Ascension de Jésus et la Pentecôte (voir ces mots), ses apôtres et disciples entreprennent de répandre à travers le monde le message de celui qui est désormais le « Christ », c'est-à-dire le Messie, celui qui a reçu l'onction sacrée et que Dieu a envoyé sur terre pour sauver les hommes.

Manichéisme
Religion fondée dans l'Empire perse par Mani, ou Manès. Pour celui-ci, le Bien et le Mal sont deux principes totalement opposés (dualisme). La matière, radicalement mauvaise, est à l'origine de tous les maux qui accablent l'homme. Aussi doit-il chercher à s'en détourner au profit des valeurs spirituelles. Mais

seuls les parfaits, ou élus, pourront être sauvés après de nombreuses purifications ou réincarnations. Cette doctrine dualiste a été condamnée par l'Église chrétienne.

Martyr

(En grec « témoin »). Chrétien mis à mort à cause de sa foi, durant les premiers siècles, où l'Église était persécutée. Le terme s'emploie également dans un sens élargi pour désigner celui qui est prêt à affronter la mort pour défendre la cause en laquelle il croit.

Moine, moniale, monachisme

(Du grec « seul »). Le *moine*, ou la *moniale* pour les femmes, est un chrétien qui, par un engagement religieux, a décidé de mener une vie essentiellement spirituelle, parfois en solitaire, mais le plus souvent en communauté dans un monastère.

Le terme *monachisme* désigne le mouvement de ceux et de celles qui ont fait le choix de se retirer du monde pour vivre dans la pauvreté, la chasteté, la prière et l'obéissance.

Mystères (religions ou cultes à mystères)

L'Antiquité a connu des cultes « à mystères » comme celui de Déméter, à Éleusis, en Grèce, ou comme plusieurs cultes originaires d'Orient et largement répandus (culte de Cybèle, de Mithra). Ces religions consistaient en rites d'initiation secrets au cours desquels les fidèles recevaient la révélation de vérités symboliques. Dans le christianisme, les « mystères » de la foi, comme celui de la Trinité, sont inaccessibles à la raison humain. Mais, bien loin d'être cachés ou réservés à quelques élus privilégiés, ils sont au contraire destinés à tous.

Païens, paganisme

Le mot *païen* (du latin « paysan ») est utilisé à partir du 4e siècle par les chrétiens pour désigner les adeptes des religions romaine, grecque, égyptienne et autres cultes polythéistes, c'est-à-dire adorant plusieurs divinités.

Le terme *paganisme* désigne l'ensemble de ces religions polythéistes.

Pape

(Du grec « papa »). Aux origines de l'Église, ce nom était donné à tous les évêques. Puis, peu à peu, il fut réservé à l'évêque de Rome, successeur de saint Pierre. Au fil de l'histoire, le rôle du pape devint de plus en plus déterminant dans l'Église catholique, dont il est responsable avec l'ensemble des autres évêques.

Pâques

(De l'hébreu « passage »). Dans l'Église chrétienne, la fête de Pâques – considérée comme la plus importante – commémore la résurrection de Jésus-Christ. La date en a été fixée par le concile de Nicée (325) au premier dimanche après la pleine lune qui suit l'équinoxe de printemps. Aussi la date change-t-elle tous les ans, entre le 22 mars et le 25 avril.

Paul (saint)

Né à Tarse, en Cilicie, entre 5 et 15, Paul est mort martyr à Rome entre 64 et 67. D'origine juive, mais citoyen romain, il est d'abord un pharisien fervent et un farouche adversaire des chrétiens. Mais une vision du Christ sur le chemin de Damas le transforme en fidèle apôtre de Jésus. Il voyage alors dans tout le bassin méditerranéen et fonde de nombreuses communautés chrétiennes. Son rôle a été déterminant. Il est en outre, avec ses lettres, ou épîtres, l'un des auteurs majeurs du Nouveau Testament.

Pénitence

Pour le chrétien, le sacrement de pénitence, ou confession, est un acte de repentir et de réconciliation avec Dieu et avec ses frères. Dans la primitive Église, on connaissait seulement la pénitence publique, réservée à des pécheurs notoires qui ne pouvaient recevoir ce sacrement qu'une seule fois durant leur vie. Le pécheur, après l'aveu public de sa faute devant l'évêque, était exclu de l'eucharistie (voir ce mot) et devait pratiquer un jeûne rigoureux, souvent durant plusieurs années, après quoi il était solennellement réintégré dans la communauté chrétienne. Cette rigueur conduisait beaucoup de fidèles à repousser ce sacrement jusqu'au seuil de leur mort. Par la suite, l'aveu s'est fait en secret à un prêtre et la confession a pu être renouvelée aussi souvent que nécessaire. Au nom de Dieu, le prêtre pardonne les péchés et donne une pénitence adaptée à la situation.

Pentecôte

(Du grec « cinquantième » [jour]). Fête célébrée dans le christianisme le septième dimanche après Pâques. Elle commémore la descente de l'Esprit Saint sous forme de langues de feu sur les apôtres cinquante jours après Pâques et dix après l'Ascension. Remplis de l'Esprit Saint, les apôtres se mettent à parler dans toutes les langues et décident de porter le message du Christ partout à travers le monde.

Pères de l'Église

Sous ce terme on désigne une quarantaine d'auteurs chrétiens des sept premiers siècles dont la vie et l'œuvre ont une autorité reconnue par l'Église. Les plus connus sont Clément d'Alexandrie, saint Jean Chrysostome, saint Jérôme et saint Augustin. Mais, contrairement aux « Docteurs de l'Église » dont le titre est donné de façon officielle par l'Église catholique, la dénomination de « Père de l'Église » est fondée sur l'usage. Quelques-uns, comme Origène ou Tertullien, se sont séparés de l'Église sur certains points de doctrine, et pour cette raison ne sont pas considérés à proprement parler comme Pères de l'Église... même si on peut parfois les retrouver dans certaines listes.

Persécutions

Actes de violence spontanés ou organisés que les membres de l'Église chrétienne eurent à supporter de la part de leurs adversaires. Les principales persécutions des chrétiens dans l'Empire romain furent celles des empereurs Néron (64), Dèce (249-250), Valérien (257-258) et Dioclétien (303-305) durant lesquelles de nombreux chrétiens – les martyrs – acceptèrent de mourir pour leur foi. En 313, l'empereur Constantin mit fin aux persécutions en accordant officiellement la liberté de culte à l'Église chrétienne par l'édit de Milan.

Pierre (saint)

Apôtre de Jésus, il est considéré par la tradition romaine comme le premier pape. Son nom primitif est Siméon, ou Simon, mais le Nouveau Testament le désigne habituellement par son surnom, *Pierre*, qui fait de lui le rocher de l'Église et souligne qu'il a mission d'affermir ses frères dans la foi. Il est certainement venu à Rome et la tradition veut qu'il y soit mort martyr, entre 64 et 67, lors de la persécution de Néron.

Prêtre

(Du grec « ancien »). Ministre du culte, adjoint de l'évêque avec lequel il collabore au service des communautés chrétiennes. Les prêtres reçoivent le sacrement de l'ordre par l'imposition des mains de l'évêque.

Références Iconographiques

Les nombres en gras renvoient aux pages;
les nombres entre parenthèses, aux illustrations.

Biblioteca Medicea Laurenziana, Florence: **8** (1). Massimo Capuani, Milano: **23** (4). Cedodal, Centro de Documentación de Arquitectura Latinoamericana, Buenos Aires (Martín Chambi): **16**. Elio Ciol, Casarsa, Pordenone: **4**, **9** (5). Civiche Raccolte Archeologiche e Numismatiche del Comune di Milano: **18** (2). Andrea Dué, Florence/Editoriale Jaca Book, Milan (Roberto Simoni): **12** (2), **22** (2); (Stalio): **18** (1); (Justine Thompson Bradley): **10** (3); (Antonio Tucci): **22** (1). Editoriale Jaca Book, Milan (Giorgio Bacchin): **11** (4), **17** (2), **25** (3); (Sandro Corsi): **8** (2); (Ermanno Leso): **10** (2), **20** (1, 2); (Angelo Stabin): **27**; (Franco Vignazia): **7**, **10** (1). Fitzwilliam Museum, Cambridge: **26** (1). Antonio Giuliano, Rome: **25** (4). Isber Melhem, Beyrouth: **6**, **9** (3), **14**, **19** (4), **23** (3), **24** (2). Franco Meli, Milan: **5**. Museo dell'Acropoli, Athènes: **12** (1). Marwan Musselmany, Damas: **9** (4). Carlo Perogalli, Milan: **15** (3), **25** (5). Pontificia Commissione di Archeologia Sacra, Rome: **13**, **19** (3). Giacomo Pozzi Bellini, Rome: **17** (3), **21**, **24** (1). Scala, Florence: **15** (2), **26** (2).